Scénari : Kim ANTONIAZZI
Illustrations : studios ALCADIA et EFFIGIES
Couverture : C'GRAPHIC
Storyboard et suivi d'ouvrage : ARMADA Studio

Licensed by:

© 2010 Édition française par Panini France S.A. sous licence Hasbro.
Tous droits réservés.
Panini France S.A. - Z.I. Secteur D - B.P. 62 – 06702
Saint-Laurent-du-Var Cedex France.
Dépôt légal: juin 2010. ISBN: 978-2-8094-1526-1

Littlest PetShop™

Le club des futés de la bulle

PFFF !!!

Pélican a de la chance : c'est un oiseau. Il a même doublement de la chance : c'est un oiseau de mer.

À lui l'immensité des cieux et l'ivresse d'un vol plané au-dessus des flots !

Mais aujourd'hui, Pélican ne l'entend pas de cette oreille...

Aaah, si j'étais un poisson, je pourrais explorer l'immensité des océans...

¡HOLA
LOS AMIGOS !

IL PARAÎT QUE QUELQU'UN
A BESOIN DE NOUS PAR ICI ?

PÉLICAN AIMERAIT BIEN VISITER
NOTRE ROYAUME SOUS-MARIN.
PAS FACILE POUR UN OISEAU !
QUELQU'UN AURAIT
UNE IDÉE POUR L'AIDER ?

TRANSFORMER UN OISEAU
EN POISSON ? ÇA, C'EST UN
PROBLÈME QUI NE VA PAS ÊTRE
SIMPLE À RÉSOUDRE !

OH, TU EXAGÈRES UN PEU...
MAIS C'EST VRAI QUE JE SUIS UN SAGE ET, EN TANT QUE TEL, JE SAIS BIEN QU'UN OISEAU N'EST PAS FAIT POUR...

MAIS NON ! JE NE TE PARLE PAS DE ÇA...

... MAIS DE TA BULLE ! SORS-VITE DE LÀ ! AVEC UN PEU DE BRICOLAGE...

!?!

!!!

!!!

... ELLE NOUS FERA UN MAGNIFIQUE CASQUE DE PLONGÉE !

ÇA, C'EST FUTÉ COMME IDÉE !
UNE BULLE-CASQUE ! QUOI DE MIEUX POUR
JOUER LES EXPLORATEURS DES MERS ?

AU TRAVAIL !!!

TOUT LE MONDE PARTICIPE...

... MET LA MAIN À LA « PATTE »...

PING !

ET BIENTÔT, LE BOLIDE D'HAMSTER EST MÉTAMORPHOSÉ
EN... SCAPHANDRE DE PLONGÉE.

OUAAH !!!

ET VOILÀ
LE TRAVAIL !!!

ON N'A PLUS QU'À AJOUTER DEUX AUTRES BAMBOUS
POUR RALLONGER LE TUBA... ET VOILÀ !

À NOUS TOUS,
ON FAIT UNE SUPER BONNE ÉQUIPE !
ON FORME LE CLUB
DES FUTÉS
DE LA BULLE !!!

HIP, HIP, HIP... HOURRA POUR LE CLUB DES FUTÉS DE LA BULLE !!!

ATTENDEZ UN PEU !
IL FAUT ENCORE QUE PÉLICAN
TESTE NOTRE ENGIN INFERNAL !

TU ES TROP GENTIL, MON PETIT MIROIR...

POURTANT, JE SUIS SÛR QUE TU GAGNERAIS HAUT LA MAIN UN CONCOURS DE PETSHOP !

TU DIS ÇA POUR ME FAIRE PLAISIR...

UN CONCOURS DE PETSHOP ? C'EST UNE FABULEUSE IDÉE !

IL FAUT D'ABORD RÉUNIR UN JURY DIGNE DE CE NOM...

ALLÔ, SHITSU GRIS ? QUE PENSERAIS-TU D'ORGANISER UN GRAND CONCOURS DE PETSHOP ?

CHEZ SHITSU GRIS, LE PRÉSENTATEUR DE LA CÉLÈBRE ÉMISSION « IDOLE DES PETSHOP »...

QUELLE IDÉE SENSATIONNELLE ! ON POURRAIT MÊME FAIRE ÇA DANS NOS STUDIOS...

... ET JE SERAIS LE PRÉSIDENT DU JURY !

Oooh,
mais bien sûr, tu peux compter
sur moi ! Et on pourrait proposer
au gagnant de faire la une
de *PetShop Magazine* !

Et chez Dalmatien,
propriétaire d'un salon
de beauté très en vogue...

No problemo, ma chérie !
J'ai hâte de mettre
mon flair légendaire
au service d'une cause
aussi noble !

Plus tard,
devant le théâtre...

Oh, regarde,
un concours !

Tu vas
t'inscrire,
toi ?

Ce soir,
GRAND
CONCOURS
DE
PETSHOP
Inscrivez-vous !

Je n'oserais jamais !
Mais j'ai très envie
de voir ça !

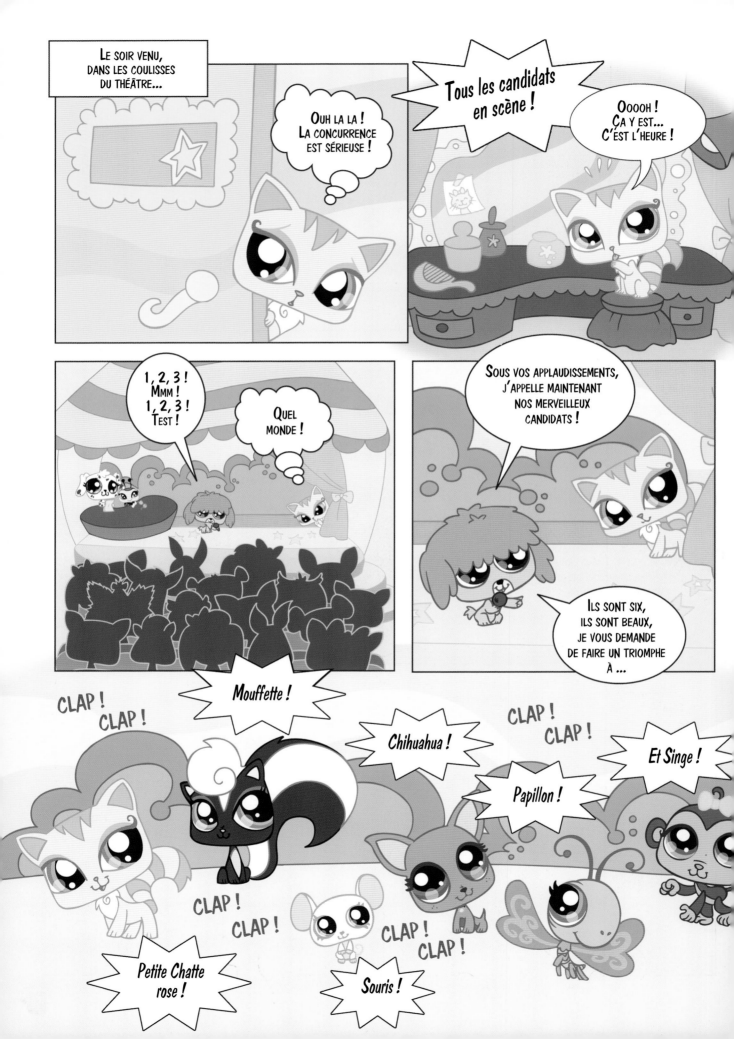

VOUS PERMETTEZ ?

S'IL VOUS PLAÎT, PUIS-JE AVOIR LE MICRO ?

SINCÈREMENT, SI VOUS AVIEZ ÉTÉ CANDIDATE, JE...

? ? ?

MESDAMES ET MESSIEURS, J'AIMERAIS VOUS PROPOSER UN NOUVEAU CONCOURS !

GRAND CONCOURS DU PETSHOP LE PLUS PRÉTENTIEUX !

DALMATIEN, COCCINELLE ET SHITSU GRIS ÉLUS EX AEQUO À L'UNANIMITÉ !

FIN

APRÈS CONCERTATION AVEC MES CINQ AMIS DU NOUVEAU JURY, NOUS VOUS PROPOSONS CE SOIR...

Seule sur la plage...

PETITE ARAIGNÉE EST HEUREUSE...

...TORTUE DE MER L'A INVITÉE À PASSER QUELQUES JOURS DE VACANCES CHEZ ELLE...

...AU BORD DE L'OCÉAN !!!

DILING!

PETITE ARAIGNÉE, QUEL PLAISIR DE TE VOIR. COMMENT VAS-TU ?

EUH... MOI TRÈS BIEN, MAIS TOI, TU AS L'AIR... TRÈS... MALADE !!!

NE M'EN PARLE PAS ! C'EST CE SOLEIL, FINALEMENT...
IL TAPAIT UN PEU TROP FORT, ET PAF, L'INSOLATION !
LE DOCTEUR M'A INTERDITE DE PLAGE POUR TROIS JOURS...

MAIS TOI, TU M'AS L'AIR EN PLEINE FORME ! FILE VITE A LA PLAGE, TU ME RACONTERAS !

...

MAIS C'EST QUE...TU SAIS BIEN, JE SUIS UN PEU TIMIDE. ET PUIS JE NE CONNAIS PERSONNE LÀ-BAS !

T-T-T-T ! PERSONNE NE VA TE MANGER ! IL Y A BEAUCOUP DE PETSHOP TRÈS SYMPAS SUR CETTE PLAGE ! COMME PAR EXEMPLE...

...SINGE. UN MORDU DE BEACH VOLLEY ! ET PUIS, IL Y A NOTRE CÉLÉBRITÉ LOCALE DE SURF : MADEMOISELLE PHOQUE, UNE VRAIE DÉESSE DE LA VAGUE ! HIPPOCAMPE AUSSI EST TRÈS SYMPA, IL PASSE SON TEMPS À CHERCHER DES COQUILLAGES POUR SA COLLECTION. TU VERRAS, IL EST ADORABLE !

ALLEZ, COURAGE, MA BELLE ! MAINTENANT QUE TU CONNAIS LEURS GOÛTS, TU SAIS COMMENT LES ABORDER !

À CE SOIR !

AMUSE-TOI BIEN !

ET NE FAIS PAS TA TIMIDE !

...OUH LA LA ! TOUT CE MONDE !

ALLEZ, TU PEUX LE FAIRE, TU ES COOL, TU ES SYMPA, TU ES DÉTENDUE...

HEY, SALUT !

SALUT ! TU VIENS D'ARRIVER ?

OUI...EUH... L'EAU EST BONNE ?

SUPER BONNE ! VIENS TE BAIGNER !

EUH...JE SUIS UN PEU FRILEUSE, EN FAIT. MAIS JE SUIS SÛRE QUE TU ADORERAIS FAIRE UNE PARTIE DE BEACH VOLLEY !

DU BEACH VOLLEY ?!

TU TE MOQUES DE MOI PARCE QUE JE N'AI PAS DE PATTES, MAIS DES NAGEOIRES, C'EST ÇA ?

MAIS... AÏE !!!

OUPS...

NON MAIS QUELLE SANS-GÊNE !!!

VRAIMENT PAS DRÔLE, TA BLAGUE !!!

QUELLE CATASTROPHE ! EN DIX MINUTES, JE ME SUIS DÉJÀ FAIT DEUX ENNEMIS !

TROIS !

PFFF... MAIS COMMENT JE POUVAIS LE SAVOIR, MOI, QU'IL ÉTAIT HABITÉ, CE COQUILLAGE ?

ET QUELLE IDÉE DE PROPOSER UN BEACH VOLLEY À HIPPOCAMPE ! EN PLUS...

J'AI !

SALUT !

...JE DÉTESTE LE BEACH VOLLEY !

AH... DOMMAGE !
J'ALLAIS TE PROPOSER
DE NOUS REJOINDRE,
MAIS TANT PIS ALORS...
BONNE JOURNÉE !

PFFF !

TAP
TAP

?!!

?!!

C'est joli ce que tu fais....

?

Euuuh... dis petite araignée...

...

...On pourrait jouer avec toi ?

D'accord!

UN PEU PLUS TARD...

C'EST UNE ŒUVRE D'ART !!!

HOURRA POUR NOTRE CHÂTEAU !

MAIS... CETTE NUIT, LA MARÉE VA L'EMPORTER !

EH BIEN, SI LA MARÉE L'EMPORTE... DEMAIN ON EN CONSTRUIRA UN AUTRE, ENCORE PLUS BEAU...

TOUS ENSEMBLE !

FIN !